世界第一部科學精解道德經

真傳老子

陳舜書博士譯著

老子簡介

《史記 · 老子韓非列傳第三》：“老子者，楚苦縣厲鄉曲仁里人也。姓李氏，名耳，字伯陽，謚曰聃。周守藏室之史也。”《史記》亦有記載：“老子修道德，其學以自隱無名為務，居周久之，乃遂去至關，關令尹喜曰：子將隱矣，疆為我著書。於是，老子乃著書上下篇，言道德之意五千餘言而去，莫知其所終。”

據學者考證，老子乃是陳國相賴鄉曲仁里人。陳哀公（前？年 – 前 534 年）：嬀弱在前 568 年承襲了陳成公王位而成為春秋諸侯國中陳國君主，在位合共 35 年。由此可以推斷老子思想春風化雨，“哀者勝矣”之“哀”字及“弱能勝強”的“弱”字都可能影響著陳國國君及其民眾。

孔子曾經多次問禮於老子。“孔子適周，將問禮於老子。老子曰：「子所言者，其人與骨皆已朽矣，獨其言在耳。且君子得其時則駕，不得其時則蓬累而行。吾聞之，良賈深藏若虛，君子盛德容貌若愚。去子之驕氣與多欲，態色與淫志，是皆無益於子之身。吾所以告子，若是而已。」”問禮後孔子對其門生説：「鳥，吾知其能飛；魚，吾知其能游；獸，吾知其能走。走者可以為罔，游者可以為綸，飛者可以為矰。至於龍，吾不能知，其乘風雲而上天。吾今日見老子，其猶龍邪！」孔子生於前 551 年－前 479 年，即陳哀公最後在位時孔子才是十八歲的青年。十九歲時即前 533 年，孔子娶宋女亓官氏為妻。二十歲時即前 532 年，孔子生子，取名鯉，字伯魚及獲委任為倉庫的小吏。即陳哀公於前 534 年卒時孔子還未成大器，孔子到了二十三歲才開始廣收門生，在這時老子思想可能已在陳國國土上廣泛傳播而享有盛名。春秋魯昭公七年，相傳是十七歲的孔子第一次向老子問禮，或許這啟發了年輕孔子從事教學而成為萬世師表；最後一次向老子問禮，孔子已經七十一歲了（即前 481 年）。於孔子卒年（即前 479 年）楚國滅陳國，那時老子已寫下《道德五千言》西出函谷關而不知所蹤了 ！

自序

“吾言甚易知甚易行；天下莫能知莫能行”，老子這番先知先覺的話經歷了二千五百年洗禮；可惜，就如老子所料，時至今日天下大多數者還是後知後覺而“莫能知莫能行”。綜觀絕大多數《道德經》譯本在第一章解釋已將老子之哲學推進“玄之又玄”虛無境界；當然，“玄之又玄”可以增加《道德經》的神秘感，但與老子所説“甚易知甚易行”是相違背的。筆者父親 － 鑽研《道德經》已三十多年，世界道學社長陳霖生先生，曾指出在第一章“玄之又玄”應該以“元之又元”為正確版本。當“元之又元”代替了“玄之又玄”後，老子《道德經》也突然煥然一新！這個“元”字意義重大，因為它連貫了《易經》的“元亨利貞”、送舊迎新的“一元復始，萬象更新”及中醫的“固本培元”。這正是中華文化中，“天、地、人”三才要元。經過以上論述後，筆者把這個“元”字以“基本”作解，“玄德”改為“元德”並以“基本之德”作解。

《道德經》裡的“道”字，可理解為宇宙中所有能量的統稱。陳霖生社長早在九十年代初已認為“道是能量的統稱，來自物質的發揮”，筆者從科學角度去看亦認同這個觀點，所以這譯本字裡行間也包含了這個概念。老子在《道德經》所寫的“不出戶，知天下”二千年來都不知其解；但是到了今天科技進步年代，並在互聯網推展下，“不出戶，知天下”已不再是神話而是科學現實！“大音希聲”是物理現象，電磁波之傳達就以此作為科學基礎。“反者道之動，弱者道之用”及“無有入於無間”是“流體學”及“傳熱學”的金科玉律。我們只可以慨嘆，老子是一個真正具有先知先覺、超乎常人認知及聯想能力的人。

《道德經》與《周易》實質是一脈相承。《道德經》“知其白，守其黑，為天下式。為天下式，常德不忒，復歸於無極”、“天下萬物生於有，有生於無”、“萬物負陰而抱陽，沖氣以為和”與《易傳》“無極生太極，太極生兩儀，兩儀生四象，四象生八卦”：“無極生太極”乃“有生於無”，而“太極生兩儀”乃“知其白，守其黑，為天下式”；另“太極分陰陽”乃“萬物負陰而抱陽，沖氣以為和”，實質兩者哲理是完全相通的。

《道德經》是積極入世先知先覺貴生的學説。有人説：《道德經》乃老子對帝王貴族之私底教學，如老子真的要帝王出世，豈不是國破家亡乎？那會有《道德經》“修之於身，其德乃真；修之於家，其德乃餘；修之於鄉，其德乃長；修之於國，其德乃豐；修之於天下，其德乃普。故以身觀身，以家觀家，以鄉觀鄉，以國觀國，以天下觀天下”乎？這足以證明《道德經》是先知先覺積極入世，而非後知後覺出世學説。

道是宇宙間所有能量統稱：由沒有意識思維的自然能量及社會能量所組成，宇宙間所有事物都完全離不開道的範疇。“道生之，德蓄之”即自然能量生之，社會能量蓄之；蓄勢而待發，是積極入世而非出世；又足以証明老子是積極唯能求生學，而絕非消極出世之説。

總言之，《道德經》就是陳社長所云「宇宙微型的百科全書」，這本微型百科全書是古往今來、超越時空、橫跨宇宙及萬世不衰的哲學經典。人類應該有幸在這世代的宇宙文明裡，能夠出現老子及他先知先覺的《道德經》。如果真的“天外有天，人外有人”，也要先知先覺拜服老子《道德經》而從中清晰瞭解到，人類及其他文明應從《道德經》裡找到共識並永遠保持友好及和平！

目錄

老子《道德經》
全篇意譯

第一章

◎ 原文

道可道，非常道。名可名，非常名。無名天地之始。有名萬物之母。故常無欲以觀其妙；常有欲以觀其徼。此兩者同出而異名，同謂之元，元之又元，眾妙之門。

◎ 意譯

道可被思維概括，並非恆常不變的道。名稱可被意識區分，並非恆常不變的名稱。無意識區分乃是天地之開始。有語言區分才有萬物名稱之產生。故常以無條件意識去觀察事物變化現象；並常以有條件思維去理解事物變化規律。此兩者同由事物所引發出來而有不同名稱，同樣是理解事物基本要元，基本要元之間又有相關要元，是先知先覺理解所有事物變化之門徑。

第二章

◎ 原文

天下皆知美之為美，斯惡已。皆知善之為善，斯不善已。故有無相生，難易相成，長短相較，高下相傾，音聲相和，前後相隨；是以聖人處無為之事，行不言之教，萬物作焉而不辭；生而不有，為而不恃，功成而弗居；夫唯弗居，是以不去。

◎ 意譯

天下皆知道美感而追求美麗，反引發出醜惡效果。皆知道善良而刻意標榜善行，反引發惡性反應。故有無相輔產生，難易相比成立，長短比對形成，高下比出差異，音聲相襯調和，前後相附依隨；所以聖人處事作為並無附帶任何條件，行事教化不以言詞，而不辭勞苦地去為萬事萬物作妥善安排；生產得益不據為己有，親力親為而不恃勢駕馭，成就功業而不居功自誇；正因不居功自誇，功勞反不被抹去。

◎ 原文

不尚賢，使民不爭；不貴難得之貨，使民不為盜；不見可欲，使民心不亂。是以聖人之治，虛其心，實其腹；弱其志，強其骨。常使民無知無欲，使夫智者不敢為也。為無為，則無不治。

◎ 意譯

不刻意吹捧賢士，促使民眾不爭相跟風；不彰顯稀有貴重貨品，促使民眾不作盜賊；不提供明顯利誘條件，促使民眾不心智紊亂。所以聖人治國之道，乃使到人民虛心容納，生活溫飽；削弱意圖，強化素質。常促使民眾消除不必要行情及慾望，促使有企圖的人不敢胡作妄為。行為以無為作條件，則無治不好的國家。

第四章

◎ 原文

道沖而用之或不盈，淵兮似萬物之宗。挫其鋭，解其紛，和其光，同其塵。湛兮似或存，吾不知誰之子，象帝之先。

◎ 意譯

道充滿整體宇宙而用之或有不盈不盡效能，淵奧無邊似乎主導著萬事萬物發展。磨挫其鋒尖鋭利，化解其糾纏紛結，和調其耀目光芒，均同其微塵細瑕。湛透各處若可證其存在，我不知道它由誰所生，形象帝王出現之前已經存在。

第五章

◎ 原文

天地不仁，以萬物為芻狗，聖人不仁，以百姓為芻狗。天地之間，其猶橐籥乎？虛而不屈，動而愈出。多言數窮，不如守中。

◎ 意譯

當天地不合乎人意識中應有規律，萬物就顯得像祭祀後的芻狗，變得無所依歸；當領導者不合乎人意識中應有態度，百姓就顯得像祭祀後的芻狗，變得無所適從。天地之空間，豈不是像一個能吐納的鼓風箱嗎？虛懷守靜而不突顯其屈就容納本質，壓動而吐風愈出風箱內空間就愈小。諸多言詞主張只導致窮途困局，不如保持溫順適中的態度。

◎ 原文

谷神不死，是謂元牝。元牝之門，是謂天地根。緜緜若存，用之不勤。

◎ 意譯

深谷生命從極端環境中擺脱死亡的束縛，就是所謂基本再生體。基本再生體存在之門徑，是所謂天地之根源。綿綿續續若能存在下去，使用之而不會勤快耗竭。

◎ 原文

天長地久。天地所以能長且久者，以其不自生，故能長生。是以聖人後其身而身先，外其身而身存。非以其無私邪？故能成其私。

◎ 意譯

天長地久。天地本身之所以能夠長生且久遠，就是以其不自再生之特質，故能長久存在下去。所以領導者把本身利益拋之腦後，先行引領而無後顧之憂；把自身利害置之度外，久存而別無他求。這樣還不算是無私嗎？最終能夠成就其本身價值和意義。

第八章

◎ 原文

上善若水。水善利萬物而不爭，處眾人之所惡，故幾於道。居善地，心善淵，與善仁，言善信，正善治，事善能，動善時。夫唯不爭，故無尤。

◎ 意譯

上善若像水的特質。水善於利澤萬物而不作出爭逐，處眾人意識中低惡的地方，故幾乎合道的本質。居處妥善地方，心淵妥善容納，相處妥善仁厚，言論妥善信實，正規妥善治理，處事妥善賢能，行動妥善適時。 正因互利而各不相爭逐，故無任何抵觸。

第九章

◎ 原文

持而盈之，不如其已；揣而鋭之，不可長保。金玉滿堂，莫之能守；富貴而驕，自遺其咎。功遂身退，天之道。

◎ 意譯

持續至盈溢，不如早作排流；揣鋭而至鋒芒，不可長保狀態。堆陳金玉至滿室，莫能夠力守不失；富貴而導致驕奢，就會自遺受害的伏線。功業達成引身而退，合乎上天自然大道。

第十章

◎ 原文

載營魄抱一，能無離乎？專氣致柔，能嬰兒乎？滌除元覽，能無疵乎？愛民治國，能無知乎？天門開闔，能無雌乎？明白四達，能無為乎？生之畜之，生而不有，為而不恃，長而不宰，是謂元德。

◎ 意譯

身軀載附魂魄而合抱歸一，能無分離嗎？呼吸達致柔和，能返璞如嬰兒嗎？洗滌銅鏡除垢如初，能照出無瑕影像嗎？ 愛民治國，能無任何認知嗎？天生賦與開闔繁殖，能完全取代雌性而為嗎？明白四方情況以致通達，能無所作為嗎？生殖畜養責在，生殖供養而不據為己有，親力親為而不恃勢駕馭，培育長成而不宰利益，就是所謂基本之德。

第十一章

◎ 原文

三十輻，共一轂，當其無，有車之用。埏埴以為器，當其無，有器之用。鑿戶牖以為室，當其無，有室之用。故有之以為利，無之以為用。

◎ 意譯

三十支輪輻，共接一個輪心，當輪心是無，才有車之作用。陶土燒製成器皿，當內裡是無，才有器皿之作用。建屋開鑿了門窗而成為住室，當內裡是無，才有住室之作用。故以“有”作為利用條件，而以“無”作為運用要訣。

第十二章

◎ 原文

五色令人目盲；五音令人耳聾；五味令人口爽；馳騁畋獵令人心發狂；難得之貨令人行妨。是以聖人之治，為腹不為目，故去彼取此。

◎ 意譯

五色奪目令人色彩失辨；五音蓋耳令人聽覺失靈；五味濃烈令人味覺失調；賽騎田獵令人心發狂野；貨品缺供令人促動不軌意圖。所以統治者治理好國家，要為內在而不為外表，故捨去太過而納取適中。

◎ 原文

寵辱若驚，貴大患若身。何謂寵辱若驚？寵為下，得之若驚，失之若驚，是謂寵辱若驚。何謂貴大患若身？吾所以有大患者，為吾有身，及吾無身，吾有何患？故貴以身為天下，若可寄天下；愛以身為天下，若可托天下。

◎ 意譯

寵辱若驚，身驕肉貴若感覺大受威脅。何謂寵辱若驚呢？受寵實為被辱下，得此寵幸若心驚，失此寵幸若心驚，就是所謂寵辱若驚。何謂身驕肉貴若感覺大受威脅呢？自己之所以感覺大受威脅，就是太為自身利益，若果無視自我得失，自己又有何威脅呢？故所以為求己身以得到天下尊重，若可寄予天下以衡量；愛把己身以奉為天下作貢獻，若可公正無私託信整個天下。

第十四章

◎ 原文

視之不見，名曰夷；聽之不聞，名曰希；搏之不得，名曰微。此三者不可致詰，故混而為一。其上不皦，其下不昧，繩繩不可名，復歸於無物。是謂無狀之狀，無物之象，是謂惚恍。迎之不見其首，隨之不見其後。執古之道，以御今之有，能知古始，是謂道紀。

◎ 意譯

察視而不可見，名曰廣夷；細聽而不可聞，名曰希散；搏索而不可得，名曰細微。此三情形不可深究到底，故混成為一體。其上方不甚明顯，其下方不甚暗昧，繩繩連續不可以名稱去作區分，復歸於無形無物。是謂無狀之隱狀，無物之隱象，就是所謂恍惚難測。迎來不見其頭首，往隨不見其尾後。執握遠古留下之道跡，以認真校對現今所有，能得知遠古開始，就是所謂道紀時元。

◎ 原文

古之善為士者，微妙元通，深不可識。夫唯不可識，故強為之容：豫兮若冬涉川，猶兮若畏四鄰，儼兮其若客。渙兮若冰之將釋，敦兮其若樸，曠兮其若谷，渾兮其若濁。孰能濁以澄？靜之徐清。孰能安以久？動之徐生。保此道者不欲盈，夫唯不盈，故能敝而新成。

◎ 意譯

古時善於修道者，微妙以致基本通達，先知先覺高深不可識。正因高深不可識，故勉強為其作形容：豫察謹慎如冬天涉足冰川，猶慮深思若懼打擾四鄰，嚴肅莊重如端坐作客。促勢如冰封即將釋解，敦厚如樸實素材，曠達如深谷兼容，渾雜如泥水混濁。怎能澄止水中混濁呢？令其靜下沉澱隨後就會清澈。怎能安靜以達到長久呢？只要令其延動下去隨後便有生息。保持此道者不讓其傾向極限，正因不讓其傾向極限，故能敝破舊有而以作新成。

第十六章

◎ 原文

致虛極，守靜篤。萬物並作，吾以觀其復。夫物芸芸，各復歸其根。歸根曰靜，是曰復命。復命曰常，知常曰明。不知常，妄作兇。知常容，容乃公，公乃全，全乃天，天乃道，道乃久，歿身不殆。

◎ 意譯

達致至虛境界，守靜氣順篤厚。萬物並同運作，我以此觀察其循環法規。世間生物芸芸種種，各自回復其根本狀態。回歸其根本狀態是曰守靜，是曰復命生息。復命生息是曰常態，知曉常態是曰明理通達。不知曉常態，就是妄為去作凶險。知曉常態才能夠兼容，兼容乃要公正，公正乃要完全，完全乃要順應於天，順應於天乃要遵循大道法規，遵循大道法規乃能長生久視，自身才不受到傷害。

第十七章

◎ 原文

太上，下知有之；其次，親而譽之；其次，畏之；其次，侮之。信不足焉，有不信焉。猶兮，其貴言。功成事遂，百姓皆謂“我自然”。

◎ 意譯

太上位處極品，百姓只知悉有其存在；其次，百姓親近依靠而讚譽；其次，百姓懼畏其威嚴；其次，百姓對其不恭侮罵。誠信不足備受質疑，所有擔保亦不值一信。猶慮於此，更要慎重自身言行。功成事情順利結束，百姓皆謂“我是自然自發”。

第十八章

◎ 原文

大道廢，有仁義；智慧出，有大偽；六親不和，有孝慈；國家昏亂，有忠臣。

◎ 意譯

大道概念被丟廢，有仁義制衡；智慧靈巧出現，有大偽裝作假；六親不和睦，有孝慈舒緩；國家昏亂，有忠臣效命。

◎ 原文

絕聖棄智，民利百倍；絕仁棄義，民復孝慈；絕巧棄利，盜賊無有。此三者以為文不足，故令有所屬。見素抱樸，少私寡欲。

◎ 意譯

秉承至聖丟棄智謀，人民利益多增百倍；追求至仁丟棄義舉，人民復歸於孝順慈愛；追求巧技有能捨棄利導，盜賊條件消除。此三者以文宣公告不足教化，故執行命令去促使人民有所歸屬。重視簡約素養抱守樸實生活，少作私慮自然清心寡欲。

第二十章

◎ 原文

絕學無憂。唯之與阿，相去幾何？善之與惡，相去若何？人之所畏，不可不畏。荒兮其未央哉！眾人熙熙，如享太牢，如春登臺。我獨泊兮其未兆，如嬰兒之未孩。儽儽兮若無所歸。眾人皆有餘，而我獨若遺。我愚人之心也哉，沌沌兮！俗人昭昭，我獨昏昏。俗人察察，我獨悶悶。澹兮其若海，飂兮若無止。眾人皆有以，而我獨頑似鄙。我獨異於人，而貴食母。

◎ 意譯

時刻追求學習並消除所有憂慮。真理與謬論之辨，相差有幾呢？善與惡之分，又如何作取捨呢？人對善惡真假不分存有懼畏，對這樣情況也不可不敬畏。荒蕪丟廢下就未有敢去始作耕植！眾人皆熙來攘往，如共享大排筵席，如登春臺觀嘆風景。我獨淡泊無任何舉動徵兆，如嬰兒尚未知事懂性。疲儽頹喪若無所依歸。眾人皆囤積有餘，而我獨處下若被丟遺。我愚人心境，渾沌無知的樣子！俗人熙然明智，我獨昏愚庸碌。俗人明瞭察察，我獨心沉悶悶。澹泊泰然若坦蕩大海，飂飂風聲若無以止竭。眾人皆展示其所擁有，我獨愚頑似鄙陋。我獨別異於人，而重視事緣產生並從中吸取學習經驗。

第二十一章

◎ 原文

孔德之容，唯道是從。道之為物，惟恍惟惚。惚兮恍兮，其中有像；恍兮惚兮，其中有物。窈兮冥兮，其中有精。其精甚真，其中有信。自古及今，其名不去，以閱眾甫。吾何以知眾甫之狀哉？以此。

◎ 意譯

孔德龐大之容量，唯獨是遵從大道法規。大道內之能量化聚為物，恍惚難測。惚聚恍化，其中含有隱像；恍化惚聚，其中含有隱物。窈遠昊深，其中含有精能。其精能甚真確，其中含有訊息。自遠古時續今天，其名稱用作識別從不被捨去，以此變化程序可解閱出眾物之啟始。我何以知悉眾物啟始之狀況呢？就以此轉化程序作依據。

第二十二章

◎ 原文

曲則全，枉則直，窪則盈，敝則新，少則得，多則惑。是以聖人抱一為天下式。不自見，故明；不自是，故彰；不自伐，故有功；不自矜，故長。夫唯不爭，故天下莫能與之爭。古之所謂「曲則全」者，豈虛言哉！誠，全而歸之。

◎ 意譯

屈曲則可保全，枉錯則矯直正，凹窪則能盈滿，敝棄則可新成，少存則可多得，多選則生疑惑。是以聖人執抱納一以作為天下模式。不自執己見，故能客觀明察；不自以為是，故亦可被昭彰；不自我誇耀，故可留有功績；不自束矜持，故亦能得到育長。正因不作出爭逐，故天下沒有能力與之作爭逐。古語所謂：「屈曲則可保全」的道理，豈是虛設之言詞！真誠無疑，一切也完全接受而歸納用之。

第二十三章

◎ 原文

希言自然。故飄風不終朝，驟雨不終日。孰為此者？天地。天地尚不能久，而況於人乎？故從事於道者，道者同於道；德者同於德；失者同於失。同於道者，道亦樂得之；同於德者，德亦樂得之；同於失者，失亦樂得之。

◎ 意譯

少作言詞是順應自然。故飄忽疾風不能持續整個朝早，驟雨不能持續整日。是什麼所為呢？就是天地。天地尚不能令風雨持續，而何況是人呢？故從事有道者，有道者就順同於道；有德行者就順同於德；有失者亦順同於失。順同於道者，道亦樂得其之依附；順同於德者，德亦樂得其之依附；順同於失者，失亦樂得其之依附。

第二十四章

◎ 原文

跂者不立，跨者不行。自見者不明，自是者不彰，自伐者無功，自矜者不長。其在道也，曰餘食贅行。物或惡之，故有道者不處。

◎ 意譯

踮起腳尖者站立不穩，跨濶腳步者行走不順。自執己見者不客觀明察，自以為是者不被昭彰，自我誇耀者難有功績，自束矜持者不得育長。在道角度來看，曰食餸殘留及多餘贅行。此等事物或真令人厭惡，故有道者不應身處其中。

第二十五章

◎ 原文

有物渾成，先天地生，寂兮寥兮，獨立而不改，周行而不殆，可以為天下母。吾不知其名，字之曰道，強為名之曰大。大曰逝，逝曰遠，遠曰反。故道大，天大，地大，王亦大。域中有四大，而王居其一焉。人法地，地法天，天法道，道法自然。

◎ 意譯

有無形隱物渾然而成，先於天地產生，寂靜寥昊，獨立存在而不被改變，周而復始運行而不會殆滅，可以作為天下產生之源頭。我並不知其名稱，給它字稱之曰道，勉強為它起名曰龐大。龐大曰往逝，逝往曰去遠，遠去曰向反。故所以道是大，天是大，地是大，王命亦是大。域中有四樣是大，而王命居其中一個重要地位。人效法於地，地效法於天，天效法於道，道效法於順應自然。

第二十六章

◎ 原文

重為輕根，靜為躁君。是以聖人終日行不離輜重，雖有榮觀，燕處超然。奈何萬乘之主而以身輕天下？輕則失根，躁則失君。

◎ 意譯

重下為輕浮作根本，清靜為躁動作主導。所以聖人終日行走不遠離輜重根本物資，雖有榮觀利欲可得，燕處超然並不在乎。奈何兵車萬乘之君主而以輕浮躁動態度去治理天下？輕浮則失去根本位置，躁動則失去主導地位。

第二十七章

◎ 原文

善行無轍跡，善言無瑕謫，善數不用籌策，善閉無關楗而不可開，善結無繩約而不可解。是以聖人常善救人，故無棄人；常善救物，故無棄物。是謂襲明。故善人者，不善人之師；不善人者，善人之資。不貴其師，不愛其資；雖智大迷，是謂要妙。

◎ 意譯

善於行走無轍過痕跡，善於言詞無缺失瑕謫，善於計算不用籌策，善於閉封無鎖而不可打開，善於結綁無繩索而不可解開。是以聖人常善於救助人，故無捨棄人；常善於挽救事物，故無捨棄事物。是謂承襲精明態度。故善人者，不善人之師範；不善人者，善人之資源。不重視其師範，不愛惜其資源；雖有智慧確大迷途，這是所謂成敗得失主要微妙。

第二十八章

◎ 原文

知其雄，守其雌，為天下谿。為天下谿，常德不離，復歸於嬰兒。知其白，守其黑，為天下式。為天下式，常德不忒，復歸於無極。知其榮，守其辱，為天下谷。為天下谷，常德乃足，復歸於樸。樸散則為器，聖人用之則為官長。故大制不割。

◎ 意譯

知其雄性剛強，守其雌性柔靜，作為天下清淨溪谿。作為天下清淨溪谿，常有德性不會離失，復歸於嬰兒純潔。知其明顯亮白，守其隱藏暗黑，作為天下模式。作為天下模式，常有德性不錯誤差忒，復歸於無極無分狀態。知其榮華顯耀，守其辱下謙卑，作為天下盈載納谷。作為天下盈載納谷，常有德性乃圓滿充足，復歸於真誠樸實。樸實態度擴散則可大為器用，聖人發揮作用之則自己成為清官長領。故此大制度之模式完全融合而不被割裂。

◎ 原文

將欲取天下而為之，吾見其不得已。天下神器，不可為也，不可執也。為者敗之，執者失之。故物或行或隨，或呴或吹，或強或羸，或挫或隳。是以聖人去甚，去奢，去泰。

◎ 意譯

將欲奪取天下而為所欲為，我預見其不可得逞。天下大殺傷力神器，不可隨意作為威嚇，不可任意執行使用。作為威嚇者潰敗，執行殺戮者失勢。故所以事物是先行或是尾隨，或呴吸入內或吹捧出去，或是因強而去搶或是因羸而被奪，或是備受挫折或是引發隳壞。是以聖人必須捨去過甚，捨去奢華，捨去過泰安逸。

第三十章

◎ 原文

以道佐人主者，不以兵強天下。其事好還。師之所處，荊棘生焉。大軍之後，必有凶年。善有果而已，不敢以取強。果而勿矜，果而勿伐，果而勿驕。果而不得已，果而勿強。物壯則老，是謂不道，不道早已。

◎ 意譯

以道去輔佐人的君主，不以兵戎強橫於天下。其兵戎事端好遠還有迴響。興師戰火所處之地，荊棘叢生慘絕人寰。大軍戰後，必有凶災年年。善用兵戎只求達致成果而已，不敢以取奪逞強。達致成果而勿矜誇，達致成果而勿誇耀，達致成果而勿驕侈。達致成果而只是不得已，達致成果而勿強橫。事物過於壯碩則變衰老，是謂不合乎於道，不合乎於道就會提早衰竭滅絕。

第三十一章

◎ 原文

夫佳兵者，不祥之器。物或惡之，故有道者不處。君子居則貴左，用兵則貴右。兵者不祥之器，非君子之器，不得已而用之，恬淡為上。勝而不美，而美之者，是樂殺人；夫樂殺人者，則不可得志於天下矣。吉事尚左，兇事尚右；偏將軍居左，上將軍居右；言以喪禮處之。殺人之眾，以悲哀泣之，戰勝以喪禮處之。

◎ 意譯

所有最佳兵戎刀刃，均為不吉祥的器具。人對此事物或有所厭惡，故有道者不身處其中。君子位居則貴乎左方，使用兵戎則貴乎右方。兵戎是不吉祥的器具，非君子所用的器具，逼不得已情況下才使用，以恬靜淡然態度去對待方為上策。戰勝而不作美化，而作美化者，就是樂於殺人；樂於殺人者，則不可得到於天下認同及信服了。喜慶事崇尚左青龍，喪葬事崇尚右白虎；偏將軍位居左方，正將軍位居右方；出戰宣言以喪禮儀式進行。戰爭死傷眾多，以悲哀心情泣悼亡魂，戰勝以喪禮儀式去進行悼念。

第三十二章

◎ 原文

道常無名，樸，雖小，天下莫能臣。侯王若能守之，萬物將自賓。天地相合以降甘露，人莫之令而自均。始制有名，名亦既有，夫亦將知止。知止可以不殆。譬道之在天下，猶川谷之於江海。

◎ 意譯

道恆常無名稱區分，本質樸實，雖然渺小，但天下莫能將它臣服。侯王若能先知先覺把它奉守，萬物也將賓順歸服。天地互相配合以降下甘露潤澤，人莫須給與命令而自覺作均衡分配。從始制度有實質名稱，各種名稱區分亦既有出現，名稱分類繁多亦將要知道適可而止。先知先覺適可而止就不容易殆滅。譬道之在存於天下，猶如川谷下流滙納於江海。

◎ 原文

知人者智，自知者明；勝人者有力，自勝者強；知足者富，強行者有志；不失其所者久，死而不亡者壽。

◎ 意譯

知悉他人者有智慧，自知先覺者是賢明；勝過他人者有力量，自我戰勝者強大；知道滿足者是富裕，強悍行動者有堅決意志；不失去其所有者能久遠，身死而精神不亡者乃壽存。

◎ 原文

大道氾兮，其可左右。萬物恃之而生而不辭，功成不名有，衣養萬物而不為主。常無欲，可名於小；萬物歸焉而不為主，可名為大。以其終不自為大，故能成其大！

◎ 意譯

大道沖氾而存，其可向左向右。萬物恃道而產生不辭勞苦生生不息，功勞成就不留名彰顯，衣養萬物而不為作主宰。常無欲求，可名為渺小；萬物依歸其下而不去作為霸主，可名為遠大。以其始終不自居去為作壯大，故能自然成就極其宏大之功業！

第三十五章

◎ 原文

執大象，天下往；往而不害，安平太。樂與餌，過客止。道之出口，淡兮其無味。視之不足見，聽之不足聞，用之不足既。

◎ 意譯

執掌大吉象徵，天下前往；前往而不感傷害，安逸平穩啟泰。華麗樂曲與美食佳餌，引來過客止步。道從口中概述出來，反顯得極其平淡無味。所以一般察視之不足以全見，一般細聽之不足以全聞，一般運用之不足以既盡耗竭。

第三十六章

◎ 原文

將欲歙之，必固張之；將欲弱之，必固強之；將欲廢之，必固興之；將欲奪之，必固與之。是謂微明，柔弱勝剛強。魚不可脫於淵，國之利器不可以示人。

◎ 意譯

將欲歙收納之，必固然擴張之；將欲弱化之，必固然強化之；將欲丟廢之，必固然大興之；將欲奪取之，必固然贈與之。是謂微明細察，柔弱勝過剛強。魚不可脫離水的淵源，國家先進利器不可以威嚇示人。

第三十七章

◎ 原文

道常無為而無不為，侯王若能守之，萬物將自化；化而欲作，吾將鎮之以無名之樸。無名之樸夫亦將無欲，不欲以靜，天下將自定。

◎ 意譯

道常無作為意識而無所不能為，侯王若能先知先覺奉守其法規，萬物將順自演化有序；演化中欲有出偏離，我將以鎮伏之以無名之簡樸。無名之簡樸亦將回歸到無欲無求，不作貪欲並以守靜作依歸，天下將自行回復到安定狀況。

第三十八章

◎ 原文

上德不德，是以有德；下德不失德，是以無德。上德無為而無以為；下德為之而有以為。上仁為之而無以為；上義為之而有以為。上禮為之而莫之應，則攘臂而扔之。故失道而後德，失德而後仁，失仁而後義，失義而後禮。夫禮者，忠信之薄而亂之首；前識者，道之華而愚之始。是以大丈夫，處其厚，不居其薄；處其實，不居其華。故去彼取此。

◎ 意譯

上德不去表現有德，才算是有德；下德以不失去德為目的，其實反而是無德。上德的條件是無為而無以去作為；下德之行為是有目的以去作為。上仁之行為是無目的以去作為；上義之行為是有目的以去作為。上禮之行為而莫能作應對，人則攘臂動武而扔棄禮教規條。故失去道而後有德，失去德而後有仁，失去仁而後有義，失去義而後有禮。所以禮之價值，在於忠信薄弱亂序出現才作首要地位；之前所認識到的，就是道之概念被扭曲後變得華麗及愚昧後知後覺之開始。是以大丈夫，處其敦厚，不居其輕薄；處其實在，不居其華麗。故捨去彼而取納此。

第三十九章

◎ 原文

昔之得一者：天得一以清；地得一以寧；神得一以靈；谷得一以盈；萬物得一以生，侯王得一以為天下貞。其致之，天無以清將恐裂；地無以寧將恐發；神無以靈將恐歇；谷無以盈將恐竭；萬物無以生將恐滅；侯王無以正而貴高將恐蹶。故貴以賤為本，高以下為基。是以侯王自謂孤、寡、不穀。此非以賤為本邪？非乎？故致數輿無輿。不欲琭琭如玉，珞珞如石。

◎ 意譯

往昔時得到納抱於一者：上天得到納抱歸一以達致清澈；地下得納抱歸一以達致寧靜；精神得納抱歸一以達致靈巧；谷口得納抱歸一以達致盈載；萬物得納抱歸一以達致生息，侯王得納抱歸一以達致天下公正。其要達致這境界可換句話說，就是謂之上天無以清澈將恐缺裂；地下無以寧靜將恐震發；精神無以靈巧將恐衰歇；谷口無以盈載將恐枯竭；萬物無以生息將恐滅絕； 侯王無以作公正而貴位高上將恐也失勢蹶倒。故貴重以卑賤為作根本，位高以位下為作基礎。所以侯王自我謙稱孤家、寡人、不穀收傳後。此非以卑賤為本之證明嗎？非道理乎？故招致好輿評倒不如無任何輿評。不欲琭琭聲脆如貴玉，或珞珞啞響如賤石。

第四十章

◎ 原文

反者道之動，弱者道之用，天下萬物生於有，有生於無。

◎ 意譯

反性者是道之原動力，弱性者是道之運用，天下萬物產生於實有體，實有體產生於隱無體。

第四十一章

◎ 原文

上士聞道，勤而行之；中士聞道，若存若亡；下士聞道，大笑之，不笑不足以為道。故建言有之，明道若昧，進道若退，夷道若纇，上德若谷，大白若辱，廣德若不足，建德若偷，質真若渝，大方無隅，大器晚成，大音希聲，大象無形，道隱無名，夫唯道善貸且成。

◎ 意譯

上士聽聞道，先知先覺勤勉而勵行之；中士聽聞道，後知後覺若存若亡；下士聽聞道，則無知無覺大笑嘲諷之，不被笑諷則不足以成為道。故前人建立言論有此體會，光明之道若像隱昧，前進之道若像後退，夷平之道若類同曲折，上等德性若像虛深幽谷，大白貞潔若可被抹黑羞辱，廣大德性若像且欠缺不足，建立德行若像偷偷摸摸，質量真實若像窬虛可變，廣大地方乃無隅角落，大器用材乃晚期全成，巨大音波乃希聲遠傳，巨大形象乃無邊無形，道乃隱藏貢獻而無名留存，所以唯有道才善於貸出效能且能成就萬物。

第四十二章

◎ 原文

道生一，一生二，二生三，三生萬物。萬物負陰而抱陽，沖氣以為和。人之所惡，惟孤、寡、不穀，而王公以為稱。故物或損之而益，或益之而損。人之所教，我亦教之：強梁者不得其死，吾將以為教父。

◎ 意譯

道生一元，一元生二，二極合生三，三混元生萬物。萬物歸負陰而納抱陽，沖氣以為達融和。人意識中所厭惡的，惟就是孤家、寡人、不穀收傳後，而王者主公卻以此作為自稱。故所以事物是有先損減而後益增，或是有先增益而後作減損。從人所得出之教訓，我亦把所領悟的教授出去：就是強暴益虐者最終敗損而不得善終，我將要以此教化作為警惕之父訓。

◎ 原文

天下之至柔，馳騁天下之至堅。無有入於無間，吾是以知無為之有益。不言之教，無為之益，天下希及之。

◎ 意譯

天下之至柔弱，以馳騁天下之至堅強。無了“有”的條件才可入侵“無”的空間，我是以此得知無為條件之所有效益。不作言詞之教誨，無為條件之效益，天下事物希有能及達相比之。

第四十四章

◎ 原文

名與身孰親？身與貨孰多？得與亡孰病？是故甚愛必大費，多藏必厚亡。故知足不辱，知止不殆，可以長久。

◎ 意譯

名譽與身軀哪樣親密呢？身軀與財貨哪樣益增量多呢？得獲與丟亡哪樣才是毛病呢？故過甚溺愛必導致極大費耗，過多收藏必導致過厚失亡。知道充足才不感受辱，知道適可而止才不會引來殆滅，這才可以長久生存下去。

第四十五章

◎ 原文

大成若缺，其用不弊；大盈若沖，其用不窮；大直若屈，大巧若拙，大辯若訥；躁勝寒，靜勝熱，清靜為天下正。

◎ 意譯

極大成就若有點欠缺，其作用不出漏弊；極大盈載若可加以沖積，其作用不出現用盡窮竭；大直平道若有點屈曲，大巧技能若有點笨拙，大辯詞令若有點窒訥；躁動勝於嚴寒，心靜勝於躁熱，清心安靜以作為天下公正標準。

第四十六章

◎ 原文

天下有道，卻走馬以糞；天下無道，戎馬生於郊。罪莫大於可欲，禍莫大於不知足。咎莫大於欲得。故知足之足，常足矣。

◎ 意譯

天下有道概念，卻是行走快馬以作為糞田翻土之用；天下無道概念，配種孕育之戎馬亂世也生殖於荒郊野外。罪惡莫大於可有貪欲，禍端莫大於不知道滿足。咎失莫大於欲佔所有得取。故所以知道足夠乃是充足，這才會時常滿足。

◎ 原文

不出戶，知天下；不闚牖，見天道；其出彌遠，其知彌少；是以聖人不行而知，不見而名，不為而成。

◎ 意譯

不步出門戶，能認知識別天下各種事情；不刻意闚見窗牖，已能見解天道無處不在；其出戶彌離愈遠，其核心認知更加彌少；所以聖人不往外出行而能知天下事態發展，不往外窺見而有識別各類名種能力，不多作為而能完成任務。

第四十八章

◎ 原文

為學日益，為道日損，損之又損，以至於無為；無為而無不為。取天下常以無事，及其有事，不足以取天下。

◎ 意譯

為學問資料日漸增多益聚，為道經驗精煉資料日漸損減，減損之又再減損，以昇華至先知先覺無為境界；無為條件而無所不為。取得天下歸服常以無出事端，及其有企圖生出事端，則不足以取得天下歸服。

第四十九章

◎ 原文

聖人無常心，以百姓心為心。善者，吾善之；不善者，吾亦善之，德善。信者，吾信之；不信者，吾亦信之，德信。聖人在天下，歙歙為天下渾其心。百姓皆注其耳目，聖人皆孩之。

◎ 意譯

聖人無恆常私心，以百姓之心意作為自己心意。善良者，我當給與善待之；不善良者，我亦給與善待之，這是德中之善。可信者，我當給與信任之；不可信者，我亦給與信任之，這是德中之信。聖人存在於天下，歙歙納取為天下一切渾濁默默包容於其心底下。百姓皆喜歡注視其耳目傳聞，聖人皆當若孩子般原諒並既往不咎。

第五十章

◎ 原文

出生入死。生之徒，十有三；死之徒，十有三；人之生，動之死地，亦十有三。夫何故？以其生生之厚。蓋聞善攝生者，陸行不避兕虎，入軍不被甲兵。兕無所投其角，虎無所措其爪，兵無所容其刃。夫何故？以其無死地。

◎ 意譯

出生入死。初生之徒眾，十個中佔有三個；夭死之徒眾，十個中佔有三個；求生存之徒眾，走動於死地之徒眾，亦十個中合佔有三個。是何原故呢？以其對生命產生了強烈的厚望。蓋有聽聞善於攝生存活者，陸上行走不避開犀兕猛虎，入策軍隊不被甲兵戎上陣。犀兕也無所投刺其角，猛虎也無所措撲其爪，兵戎也無所容許其刀刃。是何原故呢？就是以其無陷入後知後覺死亡地步。

◎ 原文

道生之，德畜之，物形之，勢成之。是以萬物莫不尊道而貴德。道之尊，德之貴，夫莫之命而常自然。故道生之，德畜之；長之育之，亭之毒之，養之覆之。生而不有，為而不恃，長而不宰，是謂元德。

◎ 意譯

道產生之，德畜養之，物形態固之，趨勢成立之。所以萬物莫不尊崇道而貴重於德。道之尊崇，德之貴重，正因莫須給予任何命令而恆常順應自然。故所以道產生之，德畜養之；生長之育養之，亭立之毒侵之，供養之覆沒之。生殖而不據為己有，親力親為而不恃勢駕馭，長成而不宰利益，就是所謂其本之德。

第五十二章

◎ 原文

天下有始，以為天下母。既得其母，以知其子，既知其子，復守其母；沒身不殆。塞其兑，閉其門，終身不勤。開其兑，濟其事，終身不救。見小曰明，守柔曰強，用其光，復歸其明；無遺身殃，是謂習常。

◎ 意譯

天下是有開始，以作為天下母系產生模式。既得到其母系模式，從而以知道其子屬模樣，既然知道其子屬模樣，回復護守其母系模式；到自身終老亦不帶來任何危險。堵塞其兑感，封閉其門徑，終身不能力勤作功。開通其兑感，濟化其事端，終身化險為夷並不需救助。察見微小是曰明智，遵守柔和是曰強大，運用了其光華，也要懂得恢復歸回其原有明亮；這才無給自己遺下任何災殃，就是所謂學習事物常態發展。

◎ 原文

使我介然有知，行於大道，唯施是畏。大道甚夷，而民好徑。朝甚除，田甚蕪，倉甚虛。服文采、帶利劍、厭飲食、財貨有餘，是謂盜夸。非道也哉！

◎ 意譯

使我等介然間產生存疑知慮，行走於大道中，唯恐自我施放出畏懼意識。大道其實甚為廣夷平坦，而民眾反而好選險徑。朝政甚為傾廢，田園甚荒蕪，糧倉甚虛空。身上塗服紋彩、配帶展示利劍、厭倦繁華飲食、財貨囤積過甚有餘，是謂欺世盜名之誇舉。非正道所為也！

第五十四章

◎ 原文

善建者不拔，善抱者不脱，子孫以祭祀不輟。修之於身，其德乃真；修之於家，其德乃餘；修之於鄉，其德乃長；修之於國，其德乃豐；修之於天下，其德乃普。故以身觀身，以家觀家，以鄉觀鄉，以國觀國，以天下觀天下。吾何以知天下然哉？以此。

◎ 意譯

善於建設根基不輕易被拔起，善於持態握抱不會鬆脱，子孫承繼世代以祭祀不輟不衰。修煉於己身，其德性乃真樸；修養於家族，其德性乃餘蔭；修護於鄉里，其德性乃綿長；修建於邦國，其德性乃豐盛；修復於天下，其德性乃普及。故以己身去觀想有德性之身，以己家族去觀想有德性之家族，以己鄉里去觀想有德性之鄉里，以己邦國觀想有德性之邦國，以己今之天下去觀想有德性之天下。我是如何得知現今天下之狀況呢？就是以此互相比較而得知。

第五十五章

◎ 原文

含德之厚，比於赤子；蜂蠆虺蛇不螫，猛獸不據，攫鳥不搏，骨弱筋柔而握固，未知牝牡之合而朘作，精之至也；終日號而不嗄， 和之至也。知和曰常，知常曰明。益生曰祥，心使氣曰強。物壯則老，謂之不道，不道早已。

◎ 意譯

包含德性之厚重，就好比初生赤子；蜂蟲蛇蠍不去螫針咬他，猛獸不去據害他，兇鳥不去搏啄他，骨弱筋柔而拳握牢固，未知悉男女交合之意而朘作勃起，精氣充沛之所在也；終日啼號而不嗄聲，和氣配合至極也。知道柔和曰可以恆常，知道恆常曰可以明瞭通達。益壽養生曰可以祥瑞，心意促使血氣曰可以聚合化強。事物過度壯麗發展則走向衰老，這謂之不合乎道，不合乎道就提早敗亡已。

第五十六章

◎ 原文

知者不言，言者不知。塞其兑，閉其門，挫其鋭，解其紛，和其光，同其塵，是謂元同。故不可得而親，不可得而疏；不可得而利，不可得而害；不可得而貴，不可得而賤。故為天下貴。

◎ 意譯

知曉者不聲言展示，聲言展示者不知曉。堵塞其兑感，封閉其門徑，磨挫其鋒尖鋭利，解化其糾纏紛結，和調其刺目光芒，均同其微塵細瑕，這就是所謂其本同化。故所以不可有所得著而作親近，不可有所得著而作疏遠；不可有所得著而作圖利，不可有所得著而作損害；不可有所得著而作尊貴，不可有所得著而作卑賤。故所以才可成為天下人所重視及尊崇。

第五十七章

◎ 原文

以正治國，以奇用兵，以無事取天下。吾何以知其然哉？以此：天下多忌諱，而民彌貧；民多利器，國家滋昏；人多伎巧，奇物滋起；法令滋彰，盜賊多有。故聖人云：“我無為，而民自化；我好靜，而民自正；我無事，而民自富；我無欲，而民自樸。”

◎ 意譯

以公正方法治國，以奇謀策略用兵，以無作事端的行徑取得天下歸順。我是從何以知道其事態發展呢？就是從以下所得知：天下諸多忌諱猜疑，而民眾彌貧更窮；民眾多持殺傷利器，國家滋生昏亂庸碌；人人多詭詐伎巧，奇怪事物隨而滋起；法制命令過度滋長彰顯，盜賊產生犯案增多。故所以聖人有云：“我無所作為，而民眾自行作順化；我等喜好清靜，而民眾皆自行歸正；我無作事端，而民眾皆自得富足；我無條件慾望，而民眾皆自歸簡樸。”

第五十八章

◎ 原文

其政悶悶，其民淳淳；其政察察，其民缺缺。禍兮，福之所倚；福兮，禍之所伏。孰知其極？其無正。正復為奇，善復為妖。人之迷，其日固久。是以聖人方而不割，廉而不劌，直而不肆，光而不燿。

◎ 意譯

其政策保持隱藏暗悶，其民眾更感淳誠樸實；其政事表面更明察，其民眾愈感欠奉缺失。災禍之降臨，幸福就依附在其身旁；幸福之誕生，災禍就埋伏在其裡面。怎樣才知道其禍福分野呢？其實也無正確的界定。正確可復歸為歪奇，善良亦可復歸為妖邪。人們迷惑極深，由來已深固久遠了。所以聖人有方正尖角而不致刺痛別人，有棱邊而不致割傷別人，率直而不致肆無忌憚，光亮而不致燿目刺眼。

第五十九章

◎ 原文

治人事天莫若嗇。夫為嗇，是以早服。早服謂之重積德。重積德則無不克，無不克則莫知其極。莫知其極，可以有國。有國之母，可以長久。是謂深根固柢，長生久視之道。

◎ 意譯

治理人事順應天時莫若精嗇架構。正因是為了精嗇架構，是以要早令人有所歸服。早令人有所歸服就謂之要重視行善積德。重視行善積德則無甚麼困難不能克服，無甚麼困難不能克服則莫知道其有極限。莫知道其有極限，可以有國家安定基礎。有了守護國家母系模式，國家才可以長久。就是所謂國家與人民達致深根固柢，乃是長期安穩生存久視之道理。

第六十章

◎ 原文

治大國，若烹小鮮。以道蒞天下，其鬼不神。非其鬼不神，其神不傷人。非其神不傷人，聖人亦不傷之。夫兩不相傷，故德交歸焉。

◎ 意譯

治理大國，若像精心烹調小鮮。以大道蒞立於天下，其他鬼魅存在也不顯得神通。非但它不再顯得神通，即使其神通也不會傷害人。非但其神通不會傷害人，聖人亦不會去作傷害之。正因兩者互相不傷害，故以德性交織亦令其歸順融和。

第六十一章

◎ 原文

大國者下流，天下之交，天下之牝。牝常以靜勝牡，以靜為下。故大國以下小國，則取小國。小國以下大國，則取大國。故或下以取，或下而取。大國不過欲兼畜人，小國不過欲入事人。夫兩者各得其所欲，大者宜為下。

◎ 意譯

大國者若向下流納滙於江海，有如天下之交匯，是天下可作依歸之雌性。雌性經常以柔靜勝於雄性，是以柔靜而下作為引領。所以大國恭敬謙下於小國，則能取得小國依附。小國恭敬謙下於大國，則能獲取大國的庇護。所以或因恭敬謙下以取得依附，或因恭敬謙下而獲取庇護。大國不過欲作兼併而去畜養他人，小國不過欲求存而入盟去事奉他人。正因兩者都各自得到其所欲求，所以強大者適宜恭敬謙下。

第六十二章

◎ 原文

道者，萬物之奧。善人之寶，不善人之所保。美言可以市尊，美行可以加人。人之不善，何棄之有？故立天子，置三公，雖有拱璧以先駟馬，不如坐進此道。古之所以貴此道者何？不曰求以得，有罪以免邪？故為天下貴。

◎ 意譯

道者，萬物之奧寶。善良人之至寶，不善良人亦因之而得到保障。美化言詞雖可得到市場尊重，美好行為亦可以增加擁戴的人。但總有人會作出不善行為，丟棄排斥他們又有作用嗎？故所以冊立天子，設置三公尊位，雖然有連城拱璧以及駟馬乘駕之榮貴，倒不如選擇坐進此道的奧寶裡。古時之所以那麼重視此道者是何因由呢？不要說去求福就可以有所得著，難道有罪去祈福就可得以赦免嗎？它無所偏袒故才能備受天下人重視及尊崇。

第六十三章

◎ 原文

為無為，事無事，味無味。大小多少，報怨以德。圖難於其易，為大於其細。天下難事，必作於易；天下大事，必作於細。是以聖人終不為大，故能成其大。夫輕諾必寡信，多易必多難。是以聖人猶難之，故終無難矣。

◎ 意譯

行為要做到以無為作條件，作事要做到無生事端，滋味要做到無附加味道。成大由聚小增多從積少，報復抱怨以德性化解。圖謀困難始於容易，為求宏大始於細節。天下艱難事情，必先於容易處著手；天下宏大事情，必先從於細節建基。所以聖人始終不為求宏大，故所以能自然成就其宏大偉業。正因輕易許諾必定寡難守信，越多容易必就越多困難。所以聖人以猶難謹慎態度處事，故終於無出現困難。

第六十四章

◎ 原文

其安易持，其未兆易謀；其脆易泮，其微易散。為之於未有，治之於未亂。合抱之木，生於毫末；九層之臺，起於累土；千里之行，始於足下。為者敗之，執者失之。是以聖人無為故無敗，無執故無失。民之從事，常於幾成而敗之。慎終如始，則無敗事。是以聖人慾不欲，不貴難得之貨，學不學，復眾人之所過，以輔萬物之自然而不敢為。

◎ 意譯

局勢安定才容易維持穩定，事態未有徵兆才容易求謀；事物脆弱才容易泮破，事物微細才容易化散。為作解決於未有事端，妥善管治於未生禍亂。合抱而量之大樹木桿，也是生於毫苗細末；九層之高臺樓閣，也要立基於累起之泥土；千里迢迢之步行歷程，也要始動於開步足下。別有用心之作為始終也會招致失敗，自執己見始終也會招致損失。所以聖人無為處事故所以無失敗，無所執著故所以無損失。民眾從事處理，時常到了幾乎成功而招致失敗。終結如同開始般慎重處理，則無創造過失事敗條件。故所以聖人所欲求是不引發有所欲求，不重視稀有難得的貨品，學習不被學習而備受忽略的事情，修復補救眾人所觸犯的過錯，以輔助萬物遵從自然方向發展而不敢胡作妄為。

第六十五章

◎ 原文

古之善為道者，非以明民，將以愚之。民之難治，以其智多。故以智治國，國之賊；不以智治國，國之福。知此兩者亦稽式。常知稽式，是謂元德。元德深矣、遠矣，與物反矣，然後乃至大順。

◎ 意譯

古時善於為道而行的人，並非以明晰細解去智化或誤導民眾，而要以敦厚簡樸將其愚鈍化之。民眾之所以難於管治，以其心煩諸多智謀。故以智謀整治國家，是令國家賊損的逆向對策；不以智謀治理國家，是國家能福增順流的應接。知道此兩者亦可成為標準模式。恆常知道此兩標準模式，就是所謂治國基本之德。基本之德已深微、遠大，總是與事物持逆反對衡，然而後來事物乃達致最大的順向發展。

第六十六章

◎ 原文

江海之所以能為百谷王者，以其善下之，故能為百谷王。是以聖人欲上民，必以言下之，欲先民，必以身後之。是以聖人處上而民不重，處前而民不害。是以天下樂推而不厭。以其不爭，故天下莫能與之爭。

◎ 意譯

江海之所以能成為百川谷之王者，是因為其能善處下之，故能成為百川谷之王。所以聖人欲位處民眾之上，必以謙下言詞應對民眾，欲引領先導民眾，必把自身利益拋之腦後。所以聖人處於上位而不給民眾帶來負擔，聖人位處前方而不給民眾帶來傷害。所以天下樂於推舉他為王而不感厭惡。因他本身沒有爭逐之心，故此天下沒有人能與他爭逐。

第六十七章

◎ 原文

天下皆謂我道大，似不肖。夫唯大，故似不肖。若肖，久矣其細也夫！我有三寶，持而保之：一曰慈；二曰儉；三曰不敢為天下先。慈，故能勇；儉，故能廣；不敢為天下先，故能成器長。今捨其慈且勇；捨其儉且廣；捨其後且先，死矣。夫慈，以戰則勝，以守則固。天將救之，以慈衛之。

◎ 意譯

天下皆認為我所謂的道若大有存在，就似乎不太看肖了。正因唯有它是那麼宏大，故才似乎不太看肖。如果看肖，久遠之時早已被看得微不足道吧！我有三條寶訓，持保它並希望大家要貫徹執行：第一曰慈愛；第二曰儉約；第三曰不敢爭逐天下領先位置。有了慈愛，故所以能勇敢無懼；以保持儉約，故所以能廣行走遠；不敢去作爭逐天下之先，故能受器重成首長。如今捨棄慈愛且妄勇；捨棄儉約且廣行；捨棄謙讓且爭先，就必死無疑了。正因保持慈愛，以此作戰則能取勝，以此防守則能鞏固。上天將所施與之救助，是以慈愛感應作守護及捍衛。

第六十八章

◎ 原文

善為士者，不武；善戰者，不怒；善勝敵者，不與；善用人者，為之下。是謂不爭之德，是謂用人之力，是謂配天古之極。

◎ 意譯

善於為士官的人，不會隨意動武；善於作戰的人，不會輕易動怒；善於戰勝敵方的人，不會與敵方作正面交鋒；善於用人的人，作為處於謙下。這是所謂不與人爭逐之德性，這是所謂懂得運用別人之能力，這是所謂配合天下古今至極妥善態度。

第六十九章

◎ 原文

用兵有言："吾不敢為主，而為客；不敢進寸，而退尺。"是謂行無行；攘無臂；扔無敵；執無兵。禍莫大於輕敵，輕敵幾喪吾寶。故抗兵相加，哀者勝矣。

◎ 意譯

運用兵法有此說法："我不敢作為主場，而採取為客位等待；不敢前進一寸，而寧願後退一尺。"這是所謂行陣如無行動；招攘如無揮臂動武舉止；扔棄戰爭如無對敵意識動態；執掌大軍如無兵無馬。災禍降臨莫比輕敵更重大，輕敵幾乎喪失了我的寶訓。故所以抗軍兵力相加較量，哀悼戰爭死傷一方容易獲得勝利。

第七十章

◎ 原文

吾言甚易知甚易行；天下莫能知莫能行。言有宗，事有君，夫唯無知，是以不我知。知我者希，則我貴矣。是以聖人被褐懷玉。

◎ 意譯

我的言論甚容易知曉甚容易推行；天下莫能夠知曉莫能夠推行。言論全是有根有據，事事都有明確主旨和目標，唯獨是無人先知先覺去認知，是以不能知曉我的理論。知曉我理論的人那麼稀少，則我反覺高貴無比。所以聖人就算被著粗衣褐布也像身懷寶玉般高貴。

◎ 原文

知不知，尚矣；不知知，病矣。聖人不病，以其病病。夫唯病病，是以不病。

◎ 意譯

知道自己有所不知，尚算有先見明智；不知道而自以為知道，就是不知不覺的弊病。聖人不擁有這種弊病，因為他害怕此弊病衍生出後知後覺病態。正因為知道弊病之病因，所以先知先覺而不產生弊病。

◎ 原文

民不畏威，則大威至。無狎其所居，無厭其所生。夫唯不厭，是以不厭。是以聖人自知不自見，自愛不自貴。故去彼取此。

◎ 意譯

當民眾不畏懼威嚇時，則更大的威嚇就可能降臨到來。無所鞭狎威懾民眾令到其居無定所，亦無所壓迫生厭令到民不聊生。正因為民眾不厭惡生活，所以也不會厭惡其已存制度。是以聖人有自知之明而不作自我昭彰，愛惜自己而不去自表尊貴。故所以要去除彼而取納此。

◎ 原文

勇於敢則殺，勇於不敢則活。此兩者，或利或害，天之所惡，孰知其故？是以聖人猶難之。天之道，不爭而善勝，不言而善應，不召而自來，繟然而善謀。天網恢恢，疏而不失。

◎ 意譯

勇於敢為則開殺戒，勇於不敢為則可存活。此兩種方式，或利或害，上天之所厭惡的，誰可知悉其緣故呢？所以聖人總是審慎猶難。上天之自然大道，不作出爭逐而善於取勝，不作出言詞而善於應對，不作出招攬而自然到來，坦然而善於籌謀。天大無形之網恢恢覆蓋，雖稀疏而絕不漏失。

第七十四章

◎ 原文

民不畏死，奈何以死懼之？若使民常畏死，而為奇者，我得執而殺之，孰敢？常有司殺者殺。夫代司殺者殺，是代大匠斫。夫代大匠斫者，鮮有不傷其手者矣。

◎ 意譯

民眾不畏怕死亡，奈何還要以死去嚇懼他們呢？若果想使到民眾恆常畏怕死亡，而那些行為出奇作異的歹徒，我得執著去找他回來殺掉，哪個還敢以身試法呢？從此常有司殺機制人員去執行殺人。假如代替司殺機制人員殺人，那就像代替手起刀落大匠斫木。代替此大匠斫木的人，甚少有不砍傷自己手的。

第七十五章

◎ 原文

民之饑，以其上食稅之多，是以饑。民之難治，以其上之有為，是以難治。民之輕死，以其上求生之厚，是以輕死。夫唯無以生為者，是賢於貴生。

◎ 意譯

人民之所以飽受饑荒，就是在上位者吞食賦稅之多，所以民眾才受饑荒之苦。人民之所以難以管治，就是在上位者有為而多作干預掣肘，所以才導致難於統治。人民之所以會輕生冒死，就是在上位者厚重求生自保卻漠視民生，所以民眾才會輕生冒死。唯具有能力消除所有民生問題的人，才是賢能並懂得珍惜人民生命。

第七十六章

◎ 原文

人之生也柔弱，其死也堅強。萬物草木之生也柔脆，其死也枯槁。故堅強者死之徒，柔弱者生之徒。是以兵強則不勝，木強則兵。強大處下，柔弱處上。

◎ 意譯

人生存時身體也是柔弱勢軟，其死後身體也就變得堅強僵硬。萬物草木生長時也是柔弱軟脆，其死後也變得枯槁乾硬。故所以堅強者屬於死亡之徒眾，柔弱者屬於生存之徒眾。是以兵馬逞強則不能取得全勝，樹木強壯則遭受砍伐開墾。強悍勢大處佔下位，柔弱勢軟處佔上位。

第七十七章

◎ 原文

天之道，其猶張弓與？高者抑之，下者舉之，有餘者損之，不足者補之。天之道，損有餘而補不足。人之道，則不然，損不足以奉有餘。孰能有餘以奉天下？唯有道者。是以聖人為而不恃，功成而不處，其不欲見賢。

◎ 意譯

上天之自然大道，其猶如張弓拉弦嗎？舉弓過高就抑壓下來，過於低下就把弓舉高上去，拉弓過度就減輕力度，拉弓不足就加強力度。上天之自然大道，是以減損有剩餘的而去彌補不足的。人類社會之道，卻不是這樣，而是減損不足的人以奉呈給有剩餘的人。誰能夠減損有剩餘的而以此奉獻給天下不足的呢？唯有有道之士才能做到。所以聖人親力親為而不恃勢駕馭，功業成就而不處佔有，其人不欲故意顯現自己是賢明。

第七十八章

◎ 原文

天下莫柔弱於水，而攻堅強者莫之能勝，以其無以易之。弱之勝強，柔之勝剛，天下莫不知，莫能行。是以聖人云："受國之垢，是謂社稷主；受國不祥，是為天下王。"正言若反。

◎ 意譯

天下事物莫有柔弱過水，而堅硬強攻者莫能夠取得勝利，是以其堅強取態無法易變其本身形體。弱態勝過強態，柔態勝過剛態，天下沒有人不知道，却沒有人能夠實行。所以聖人有這樣説："可承受國家之垢辱，才匹配所謂社稷君主；能承受國家之不祥禍害，才可作為天下王者。"正面言論若以反面論述。

◎ 原文

和大怨，必有餘怨；安可以為善？是以聖人執左契，而不責於人。有德司契，無德司徹。天道無親，常與善人。

◎ 意譯

和解大怨，必然留有餘悔怨恨；怎樣才可完全妥善化解呢？所以聖人手執借契存根，而不強責迫人償還債務。有德行之人司管借契寬容大量，無德行之人司管借契要求嚴苛償還。上天自然大道並無親疏偏袒，常給與能量並被善良的人正確地掌握。

第八十章

◎ 原文

小國寡民。使有什佰之器而不用，使民重死而不遠徙。雖有舟車，無所乘之；雖有甲兵，無所陳之。使民復結繩而用之。甘其食，美其服，安其居，樂其俗。鄰國相望，雞犬之聲相聞，民至老死，不相往來。

◎ 意譯

小國民眾寡少。促使有什佰行軍隊伍而不作多用，促使民眾看重生死而不遠途遷徙。雖有舟船車馬，亦無需乘搭；雖有兵甲軍器，卻無機會陳設使用。促使民眾如回復以結繩紀事之簡樸。甘滋其飲食，美飾其衣服，安適其居所，樂娛其風俗。鄰國互相和平守望，雞犬之聲互相聞聽，民眾達致自然至老而死，互相亦不會有瓜葛積怨的往來。

第八十一章

◎ 原文

信言不美，美言不信。善者不辯，辯者不善。知者不博，博者不知。聖人不積，既以為人己愈有，既以與人己愈多。天之道，利而不害。聖人之道，為而不爭。

◎ 意譯

信實言詞不美化，美化言詞不信實。妥善處事者不巧辯，巧辯者處事不妥善。知曉精到者不泛博，泛博者不精到知曉。聖人不刻意囤積，既以盡力為人自己就愈感富有，既以慷慨施與人自己就愈獲益良多。上天之自然大道，利澤萬物而不作出傷害。聖人處世之道，親力親為而不作爭逐。

世界第一部科學精解道德經

真傳老子

譯　　者／　陳舜書博士

顧　　問／　世界道學 陳霖生社長

校　　對／　世界道學 范婉文小姐

出　　版／　陳湘記圖書有限公司

地　　址／　新界葵涌葵榮路 40-44 號任合興工業大廈 3 樓 A 室

電　　話／　2573-2363

傳　　真／　2572-0223

印　　刷／　新設計印刷有限公司

出版日期／　2016 年 12 月

國際書號／　978-962-932-169-7

定　　價／　港幣 50 元